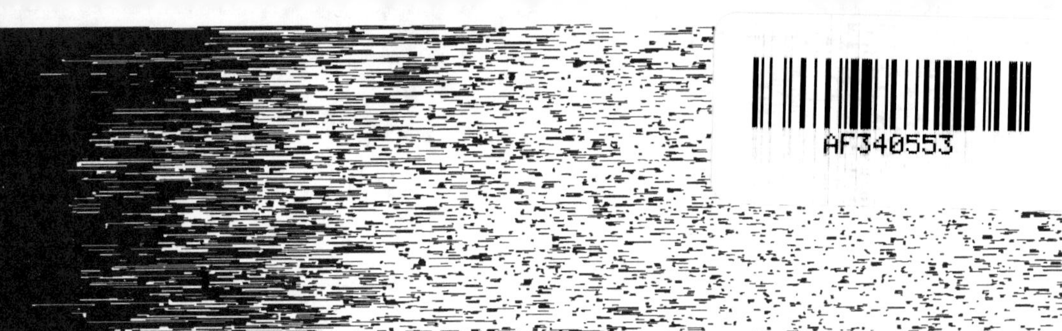

NOTICE BIOGRAPHIQUE

SUR

MONSEIGNEUR MARIE-GASTON

DE BONNECHOSE

CARDINAL-ARCHEVÊQUE DE ROUEN

NOTICE BIOGRAPHIQUE

SUR

MONSEIGNEUR MARIE GASTON

DE BONNECHOSE

CARDINAL-ARCHEVÊQUE DE ROUEN

PAR

M. H. FISQUET

PARIS

P. BRUNET, LIBRAIRE-EDITEUR

31, Rue Bonaparte, 31

ROUEN

FLEURY, LIBRAIRE DE L'ARCHEVÊCHÉ

PLACE SAINT-OUEN

NOTICE BIOGRAPHIQUE

MONSEIGNEUR MARIE GASTON

DE BONNECHOSE

CARDINAL-ARCHEVÊQUE DE ROUEN

Henri-Marie-Gaston de Bonnechose est né à Paris, rue de Buffault, le 11 prairial, an VIII (30 mai 1800), d'une très-ancienne famille, originaire de Normandie.

Son père Louis Gaston, chevalier de Bonnechose (1), avait épousé, le 25 septembre 1795, à Amsterdam, pendant l'émigration, Sara-Marie Schas, appartenant à une des familles les plus notables du pays. Il fit ses premières études en Hollande, puis à Rouen, et enfin à Paris.

Après avoir achevé son cours de droit dans cette dernière ville, et subi ses examens avec distinction, il fut nommé, en 1822, substitut du procureur du roi aux Andelys (Eure), puis à Rouen en 1823. Trois ans plus tard, en 1826, il fut placé à la tête du parquet du tribunal de première instance de Neuchâtel (Seine-Inférieure). En 1827, il devint substitut du procureur général près la cour de Bourges, fut nommé la même année près la cour de Riom, en qualité d'avocat général, et passa en 1829, avec le même titre, à la cour royale de Besançon. Il fut bientôt admis dans l'intimité du cardinal-archevêque de cette ville, Mgr le duc de Rohan. Depuis quelque temps, malgré son avancement rapide dans l'honorable

(1) Louis Gaston, chevalier de Bonnechose, né le 25 août 1759, fut reçu page du roi en la petite écurie le 15 décembre 1773, pour remplacer son cousin Charles-François Désiré de Bonnechose, décédé à Compiègne, le 13 septembre précédent. Il devint page de Louis XVI en 1778, capitaine du régiment, colonel-général de dragons la même année, et passa avec le même grade au régiment de mestre de camp général en 1784.

carrière qu'il parcourait, le jeune magistrat songeait cependant sérieusement à quitter le monde et à embrasser l'état ecclésiastique. Sa résolution était prise, quand éclata la révolution de 1830; il donna alors sa démission d'avocat-général, malgré les représentations de ses amis, et les instances que les chefs de la cour de Besançon firent pour le retenir.

Il alla dans ces temps de trouble, quand la plupart des séminaires étaient dispersés, se retirer à Strasbourg, où le calme régnait, pour y faire ses études ecclésiastiques. Mgr de Trévern ne tarda pas à l'ordonner sous-diacre et diacre. Ce fut alors que le cardinal de Rohan, de retour dans son diocèse, d'où la révolution l'avait forcé de s'éloigner, l'appela près de lui, pour lui confier la chaire d'éloquence sacrée dans la maison des hautes études qu'il avait fondée. Après la mort prématurée de ce prélat, l'abbé de Bonnechose retourna à Strasbourg, où il fut ordonné prêtre en 1834. Il professa la classe de rhétorique et d'histoire au petit séminaire de cette ville, dont M. l'abbé Bautain avait alors la direction. En 1840, il vint à Juilly pour opérer la transmission de ce collége des mains de MM. les abbés de Salinis et de Scorbiac aux mains de MM. les abbés Bautain et Carl, et prit à cet effet, pendant six mois, la direction de cet établissement. Mais son talent pour la parole le fit bientôt rechercher pour diverses stations dans les chaires de la capitale.

En 1843, après un carême prêché à Cambrai, Mgr Giraud, archevêque de cette ville, le fit chanoine honoraire de sa cathédrale. L'automne de cette même année, s'étant rendu à Rome, il y prêcha l'Avent, et fut nommé par le pape Grégoire XVI missionnaire apostolique. Placé bientôt après à la tête de l'église Saint-Louis et des pieux établissements français à Rome, il donna à cette communauté, selon le vœu de Grégoire XVI et du roi Louis-Philippe, un règlement, qui est encore en vigueur aujourd'hui. Trois ans d'une administration douce, ferme et conciliante, attirèrent sur lui l'attention du Saint-Siége et du gouvernement français, et le désignèrent dès lors pour de plus hautes dignités.

Par ordonnance royale du 18 novembre 1847, l'abbé de Bonnechose fut élevé au siége épiscopal de Carcassonne. Avant d'accepter, il pria le cardinal Orioli de consulter le Saint-Père. Pie IX répondit qu'il verrait avec plaisir l'abbé de Bonnechose élevé à l'épiscopat. Préconisé dans le consistoire du 17 janvier 1848, il fut sacré à Rome, le 30 du même mois, par le cardinal Antoine-François d'Orioli, assisté de Jérôme d'Andréa, archevêque de Mélitène, et de Dominique Lucciardi, archevêque de Damas.

Le premier soin du nouvel évêque fut de faire un pèlerinage à Notre-Dame de Lorette, pour placer son épiscopat sous la protection de la sainte Vierge; ce fut au sortir de ce sanctuaire vénéré qu'il apprit la catastrophe qui, en précipitant du trône la dynastie régnante, menaçait d'engloutir dans l'abîme creusé par sa chute la société tout entière. Il s'achemina cependant vers Paris, il y fit vérifier ses bulles par le gouvernement provisoire, et vint prendre possession de son siége, le 25 mai 1848. Il trouva le diocèse de Carcassonne vivement agité par les passions révolutionnaires. Un grand nombre de prêtres avaient été expulsés de leurs paroisses. Le nouvel évêque sut bientôt faire renaître autour de lui l'ordre et la paix. Il s'appliqua à réorganiser l'administration diocésaine un peu en souffrance, car son vénéré prédécesseur était très-âgé, et depuis longtemps infirme, quand il mourut. Les visites pastorales furent reprises et multipliées.

Des missions furent données par tout le diocèse et firent le plus grand bien. Pour les faciliter, un couvent de Carmes fut fondé à Carcassonne.

Du 9 au 19 septembre 1850, Mgr de Bonnechose prit part au Concile provincial tenu à Toulouse, par Mgr d'Astros, son métropolitain, et y présida la Congrégation de la discipline ecclésiastique. Ce fut lui qui fut chargé de porter la parole dans la session solennelle de clôture, qui se tint à Toulouse dans l'antique basilique de Saint-Sernin, en présence des autorités les plus notables de la ville.

Mgr de Bonnechose, pendant ce temps-là, ne restait pas étranger au mouvement liturgique qui se produisait en France à cette époque. Après plusieurs années employées à préparer le changement, il rétablit dans le diocèse de Carcassonne la liturgie romaine, et entreprit à cette occasion un voyage *ad limina* pour faire approuver le Propre du diocèse. Le 26 novembre 1852 Pie IX l'avait nommé prélat assistant au trône pontifical.

Le 21 octobre 1854, le siége d'Évreux devint vacant par la mort de Mgr Olivier, et fut offert à Mgr de Bonnechose, qui ne crut pas devoir l'accepter. L'Empereur lui écrivit de sa main pour l'engager à revenir sur son refus. L'évêque de Carcassonne consulta le Saint-Père sur ce qu'il avait à faire ; Pie IX lui envoya une lettre autographe, où il lui déclarait, *comme vicaire de Jésus-Christ, que la volonté de Dieu était qu'il acceptât sa translation à Évreux, et en même temps, il lui promettait et lui garantissait tous les secours, toutes les grâces dont il aurait besoin pour accomplir la tâche qui lui était confiée.*

Mgr de Bonnechose n'avait plus à hésiter. Il consentit, quoique à regret, à briser les liens qui l'attachaient à son premier diocèse. Un décret impérial du 1er novembre 1854 l'appela donc à monter sur le siége de saint Taurin. Préconisé évêque d'Évreux dans le consistoire du 23 mars 1855, il se fit installer, le 31 mai suivant, dans sa nouvelle Église et eut la consolation de faire proclamer le dogme de l'Immaculée-Conception le 9 décembre de cette année. Retardée par la vacance du siége et par la délicate attention de l'administration capitulaire qui voulait réserver cette joie au cœur du nouvel évêque, cette fête y gagna cet élan et cet enthousiasme qu'inspire la présence d'un pontife aussitôt aimé que connu.

La mission de paix, qui lui était de nouveau confiée, se trouvait dans le diocèse d'Évreux beaucoup plus difficile et plus redoutable qu'à Carcassonne. Le trouble et la division régnaient au sein du clergé. Mgr de Bonnechose sut, par une sage fermeté, pendant son court passage sur le siége d'Évreux, accomplir son œuvre de réconciliation. Il rendit à l'autorité le respect et le prestige qu'elle n'avait plus ; il put éteindre les dettes dont étaient chargés les petits séminaires, fonder l'œuvre des missions diocésaines, et donner au Saint-Siége une nouvelle preuve de son dévoûment et de son obéissance en rétablissant dans le diocèse d'Évreux la liturgie romaine par un mandement du 27 décembre 1857. Ce mandement prescrivait pour le dimanche 30 mai 1858, l'obligation de cette liturgie, mais par suite de quelques difficultés purement matérielles, l'administration capitulaire, après avoir pris l'avis de Mgr Devoucoux, évêque nommé, reporta cette obligation au dimanche 29 août suivant, tout en maintenant le mandement de Mgr de Bonnechose pour l'église cathédrale et les églises et chapelles de la ville d'Evreux.

Le 11 juin 1856, Mgr de Bonnechose assista au baptême du Prince impérial, dans l'église de Notre-Dame de Paris, et le samedi 10 janvier 1857, aux funérailles de Mgr Sibour, archevêque de Paris. Le 12 du même mois, il fit, sur l'invitation du chapitre métropolitain, la réconciliation de l'église paroissiale de Saint-Étienne-du-Mont, profanée le 3 par le meurtre du vénérable archevêque de Paris. La même année, au mois d'avril, il accomplit son deuxième voyage *ad limina apostolorum*.

En 1858, Mgr Blanquart de Bailleul, accablé sous le poids de ses infirmités, se démit de son siége et exprima à l'Empereur le désir que l'évêque d'Évreux lui fût donné pour successeur. Déjà le souverain de son côté avait manifesté la même intention. Un décret impérial du 20 février 1859, appela Mgr de Bonnechose au siége archiépiscopal de Rouen. Il fut préconisé dans le consistoire du 18 mars suivant, et reçut le pallium des mains de Mgr le cardinal Morlot, archevêque de Paris, dans l'église de Saint-Thomas-d'Aquin, où peu de jours auparavant, il avait prêché un sermon de charité en faveur de Mgr Samhiri, patriarche d'Antioche. Le 1er juin, il fit à Rouen son entrée solennelle de prise de possession, et prononça dans cette circonstance un remarquable discours sur la foi chrétienne, considérée comme principe du progrès intellectuel et moral de l'homme et de la société.

Les 16 et 19 octobre 1859, il présida, assisté de tous les suffragants et de Mgr de Marguerye, évêque d'Autun, aux fêtes qui furent célébrées à Coutances et à Biville, pour la canonisation du bienheureux Thomas Hélye.

Le 15 juillet 1860, il assista à Arras avec un grand nombre d'évêques, à la translation des reliques du bienheureux Benoît-Joseph Labre, et fut un des trois évêques chargés de porter la parole dans cette circonstance solennelle. Il prit pour sujet de son discours : le *Culte des saints.* Le 17 octobre suivant, il présida à la fête religieuse célébrée à Chartres à l'occasion du dixième anniversaire séculaire de la dédicace de la cathédrale de cette ville, et de la réconciliation de l'antique église de Notre-Dame-sous-Terre, profanée en 1793.

Mgr de Bonnechose, depuis six ans qu'il gouverne l'Église de Rouen, a pu administrer le sacrement de confirmation dans toutes les parties de son vaste diocèse, et en visiter à peu près toutes les paroisses. Il a prêché lui-même le Carême dans sa cathédrale ces deux dernières années. Il a fondé une association en faveur des prêtres défunts, rétabli comme dans ses deux premiers diocèses la liturgie romaine, et obtenu la reconstruction de son grand séminaire. Une remarquable chapelle vient d'être élevée par ses soins dans son petit séminaire du Mont-aux-Malades, qui a pris, sous son administration, une très-grande extension.

Il a fait, à la fin de l'année 1861, sa troisième visite *ad limina*. Il était à peine de retour de la ville éternelle, quand le Souverain Pontife convoqua les évêques de la catholicité pour la canonisation des martyrs du Japon. Il se serait rendu à cet appel s'il n'avait été retenu par la maladie et la mort d'un de ses suffragants, Mgr Daniel, évêque de Coutances, et par la crise commerciale qui vint fondre à cette époque sur son diocèse. Il écrivit au Saint-Père pour lui soumettre les motifs qui l'empêchaient de se rendre à Rome, et il reçut de Sa Sainteté une lettre, où elle l'engageait à ne pas quitter son diocèse dans des circonstances aussi critiques. Dès que l'adresse des évêques réunis à Rome fut connue en France, Mgr de Bonnechose, alors à Coutances, auprès de son vénéré collègue mourant, s'empressa d'y adhérer par une lettre en date du 18 juin 1862, qu'il rendit publique. Cette lettre, de même que la circulaire qu'il écrivit, le 23 décembre de la même année, en faveur de ses pauvres ouvriers sans travail, resteront comme deux monuments de l'épiscopat de Mgr de Bonnechose, qui prouveront, et son dévoûment à la cause sacrée de l'Église, et sa charité pour les pauvres.

Voici le premier de ces documents :

« Coutances, le 18 juin 1862.

« Très-Saint Père,

« Il nous a été douloureux de ne pouvoir être à Rome avec nos vénérables collègues, aux pieds de Votre Sainteté, le grand jour de la Pentecôte. Nous, que vous avez daigné depuis tant d'années honorer d'une bienveillance si paternelle, nous qui avons reçu, l'onction sacrée dans la ville des Apôtres, nous qui avons eu le bonheur d'y séjourner et d'y vivre si longtemps à l'ombre du trône apostolique, pouvions-nous éprouver une privation plus sensible que celle de ne pas occuper notre place dans les rangs de l'Épiscopat, en ce grand jour où, réuni de toutes les parties du monde, pour la canonisation des Martyrs, il a pu attester aux yeux de toute la terre son attachement indissoluble à la chaire de Pierre, son union et son dévoûment au Vicaire de Jésus-Christ ? Votre Sainteté a connu les motifs du devoir qui nous ont retenu : nous les lui avons soumis ; et nous eussions été heureux qu'Elle nous eut autorisé à n'en pas tenir compte. Avec quel empressement nous aurions suivi l'inclination de notre cœur et nous nous serions rendu auprès de notre Père, auprès du Pasteur suprême des agneaux et des brebis, comme nous l'avions déjà fait spontanément il y a huit mois, pour lui porter le tribut de nos consolations dans ses épreuves ! Mais, s'il ne nous a pas été donné, ainsi qu'à un si grand nombre de nos frères dans l'Épiscopat, de participer corporellement à cette grande solennité qui a réjoui toutes les âmes catholiques, nous y étions de cœur et d'esprit. Nos sentiments sont ceux que vous ont exprimé nos vénérables collègues dans leur Adresse. Ces sentiments sont aussi ceux du bien digne évêque de Coutances, près de qui nous remplissons en ce moment un devoir de charité, et que son infirmité seule empêche de vous tenir aujourd'hui le même langage. En me rendant son interprète, ainsi que celui du fidèle clergé de son diocèse et du mien, j'aime à vous répéter, Très-Saint Père, qu'il y a identité parfaite entre nos pensées et celles des évêques présents à Rome le 8 juin dernier. Votre Sainteté nous connaît assez et a reçu assez de gages de notre dévoûment pour savoir à quoi s'en tenir à cet égard. Mais nous éprouvons le besoin, dans les tristes conjonctures où nous sommes, de manifester plus que jamais, autant qu'il est en nous, l'unanimité du corps épiscopal. Car ce spectacle est le plus beau, le plus consolant, et en même temps le plus rassurant que l'Église puisse présenter à ses enfants.

« Daigne Votre Sainteté nous bénir et agréer, avec sa bonté

ordinaire, ce nouveau témoignage de notre vénération, de notre affection et de notre dévoûment.

« † HENRI, *archevêque de Rouen.* »

Nous devons également citer, parmi les publications les plus remarquables de Mgr de Bonnechose, le mandement qu'il fit paraître à Carcassonne, en 1854, pour le rétablissement de la liturgie romaine, et qui est un exposé complet des principes sur cette matière; la circulaire qu'il adressa, le 17 juin 1860, à son clergé, relative à l'emprunt et aux dons ayant pour objet de venir en aide au Saint Père; celle qu'il publia peu après en faveur des chrétiens de Syrie; les mandements sur *Jésus-Christ*, *l'Église* et la *sainte Eucharistie*; la lettre pastorale qu'il publia en mars 1861, pour rendre obligatoire la liturgie romaine, quant à l'office privé, à la fête de la Sainte-Trinité de cette année, et, quant à l'office public, à celle du Saint-Rosaire, le 6 octobre suivant; et enfin le mandement qu'il publia à Rouen, en 1862, ayant pour objet : *la Papauté.*

On possède également de ce prélat un savant discours sur l'archéologie chrétienne, prononcé à Caen, en novembre 1860, dans la réunion de la Société des antiquaires de Normandie, dont il fait partie, ainsi que de plusieurs autres sociétés savantes.

L'un des élèves intimes de M. l'abbé Bautain, il a écrit aussi l'Introduction à la *Philosophie du Christianisme*, Paris et Strasbourg, 1835, 2 vol. in-8°, ouvrage dans lequel, sous la forme épistolaire, le maître répond à diverses questions philosophiques et religieuses de ses disciples.

Le zèle, le dévoûment, le talent distingué de Mgr de Bonnechose reçurent leur consécration de la bouche même du Pontife suprême. Pie IX le créa cardinal dans le consistoire du 21 décembre 1863.

La remise de la barrette fut faite au nouveau prince de l'Église, le jeudi 14 janvier 1864 dans la chapelle des Tuileries, en présence de Mgr Meglia, auditeur de la nonciature apostolique à Paris, nommé ablégat de S. S. Pie IX pour cette cérémonie. Quelques jours auparavant, Mgr de Bonnechose avait fait une distribution des offrandes que l'épiscopat français lui avait adressées pour les ouvriers sans travail de son diocèse. La somme répartie entre les différentes communes atteintes par la crise cotonnière fut de 103 993 francs qui, jointe à celle de 183 555 francs distribuée précédemment, portait le total des sommes recueillies et distribuées par Son Éminence au chiffre de 287 548 francs.

Le samedi 6 février suivant, Son Éminence faisait sa rentrée dans sa ville métropolitaine, et un *Te Deum* était chanté dans la cathédrale, en présence d'un nombreux clergé. Quelques mois après, le cardinal se dirigeait sur Rome, et dans le consistoire du 22 septembre, recevait le chapeau des mains du Saint-Père qui lui conférait le titre de Saint-Clément, en lui remettant l'anneau cardinalice. Mgr Ricci avait été envoyé par Pie IX, à l'ambassade de France, pour donner au nouveau prince de l'Église les insignes de sa dignité. Retraçant à grands traits la vie apostolique de Mgr de Bonnechose, le représentant du pape avait rappelé les services qu'il lui a été donné de rendre à l'Église ; voici en quels termes Son Éminence le cardinal de Rouen lui répondit :

« Monseigneur,

« Je vous remercie de la mission dont vous avez bien voulu vous acquitter près de moi au nom du Saint-Père, ainsi que des paroles obligeantes et assurément trop flatteuses dont vous avez cru devoir l'accompagner. La conscience que j'ai de ma faiblesse ne me permet pas d'accepter ces éloges sans réserve. Si j'ai pu successivement faire quelque bien dans mes trois diocèses, *si j'ai eu la consolation de rétablir la liturgie romaine, celle de l'Église qui a seule le droit de se dire la mère et la maîtresse de toutes les autres : Omnium urbis et orbis Ecclesiarum mater et caput ;* s'il m'a été donné plus d'une fois de faire renaître l'ordre et la paix là où régnait la discorde, je ne saurais l'attribuer qu'à la grâce du Dieu tout-puissant et tout bon qui, en daignant m'admettre au nombre de ses ministres, a bien voulu se faire mon guide et mon appui. Je dois donc surtout à la paternelle bienveillance de Sa Sainteté cette éminente dignité dont vous venez aujourd'hui m'apporter le précieux insigne. Le Saint-Père a daigné souscrire à d'augustes désirs avec un empressement dont je demeurerai toujours profondément touché et reconnaissant.

« Mais ce sentiment du cœur, auquel il est si doux de se livrer, n'exclut pas dans mon âme un certain trouble et une confusion trop légitime à la pensée de tant de mes vénérables collègues de l'épiscopat français, qui me semblent avoir plus de titres que mo à cet honneur.

« En outre, la perspective de nouveaux devoirs envers l'Église et l'État me rend mon insuffisance plus sensible. Il m'était déjà difficile de satisfaire à toutes les exigences de la sollicitude pastorale ; que sera-ce donc lorsque je n'aurai plus à m'occuper uniquement de mon diocèse, et qu'il me faudra participer dans une certaine mesure à la responsabilité du Sacré-Collége ? A ce point de vue encore, je suis obligé de me réfugier dans ma confiance en Dieu, qui, depuis tant d'années, m'a conduit comme par la main à travers tant de péripéties diverses.

« Je dois cependant reconnaître qu'il est doux et qu'il est beau tout à la fois de sentir, à la fin de sa carrière, se resserrer de plus en plus les liens qui nous enchaînent à la cause éternelle de la vérité et de la justice. J'appelle ainsi la cause de l'Église et du Saint-Siége.

« Qu'est-ce, en effet, que l'Église dans le monde, sinon l'autorité dépositaire et organe de la vérité ? C'est elle qui donne une impulsion toujours nouvelle à la vraie science, en la préservant de ses écarts, et qui demeure ainsi tout à la fois le moteur et la protectrice de l'intelligence humaine. C'est elle aussi qui, dépositaire et organe de la loi morale, établit son empire dans la conscience de l'homme, l'épure, l'ennoblit, l'élève et le défend contre la dégradation des passions.

« L'Église nous apparaît ainsi comme la source féconde de tout progrès légitime ici-bas, comme la mère et la gardienne de toute grandeur intellectuelle et morale, comme le plus solide rempart de notre civilisation contre le retour à la barbarie.

« Telle est à mes yeux, Monseigneur, cette Église catholique si cruellement attaquée de nos jours, cette Église apostolique dont Rome est le centre et dont le Pape est le chef suprême. En lui se personnifie cette admirable institution, fondée par le Sauveur du monde, qui a constitué le Pape son représentant sur la terre. *Mais nous entendons le Pape tel que Jésus-Christ l'a fait*

*lui-même et tel qu'il est devenu par le travail des siècles, ins-
truments de sa providence ; le Pape entouré de toutes les garanties temporelles de sa dignité, de son indépendance et de sa
souveraineté ; le Pape avec tous ses moyens d'action libre sur
l'humanité.*

« Tel, depuis 1400 ans, la France l'a toujours compris ; tel,
sauf quelques moments de vertige, elle l'a toujours voulu et
maintenu. *Tel le veut aussi, nous n'en pouvons douter, le Prince
glorieux qu'elle s'est volontairement donné pour souverain.
Il connaît trop bien les Français pour ne pas avoir constaté
que, parmi tant de généreux sentiments enracinés dans leur
cœur, il n'en est aucun de plus profond et de plus indes-
tructible que celui d'un attachement inviolable à la chaire de
Pierre.*

« L'histoire de l'Église et de la France est là pour attester cette
vérité, et pour nous rappeler que l'union la plus étroite est néces-
saire entre ce peuple et le Saint-Siége, afin que, d'une part, ce
peuple prospère sous la bénédiction de Dieu, et que, de l'autre,
l'Église ait la plénitude de son influence bienfaisante dans le
monde.

« Je suis donc doublement heureux, Monseigneur, et comme
prélat et comme Français, d'avoir à servir l'Église et le Saint-
Siége au prix de toutes les fatigues, et s'il le fallait même, au prix
des plus grands sacrifices. Je suis heureux d'avoir à me dévouer
plus que jamais à cette cause, dans laquelle se confondent les
affections les plus chères et les intérêts les plus sacrés ; heureux,
enfin, de pouvoir le dire aujourd'hui, au milieu des dignes repré-
sentants de l'Empereur et de notre vaillante armée, qui rem-
plissent avec tant de dévoûment et de loyauté la grande mission
de défendre ici le Vicaire de Jésus-Christ. Et, certes, je suis heureux aussi de donner l'essor à mes sentiments d'amour et de gra-
titude dans cette noble cité, héritière de tant de gloire et de tant
de trésors, que j'ai eu longtemps le bonheur d'habiter, et où j'a
appris à connaître tant d'hommes illustres par la science et par la
vertu.

« Voilà, Monseigneur, le filial hommage que je vous prie de
déposer aux pieds de Sa Sainteté, en l'assurant que ma faible

prière ne cessera d'appeler sur elle les bénédictions de Dieu et les consolations dont elle a besoin pour tempérer les amertumes dont son cœur paternel est abreuvé. »

Lorsque M. Baroche, ministre de la justice et des cultes eut adressé à l'épiscopat français, le 1ᵉʳ janvier 1865, une circulaire qui interdisait la promulgation de l'Encyclique du Souverain Pontife, Son Éminence a joint ses protestations à celles de ses vénérables collègues, et il a adressé à son clergé la circulaire suivante qui est en ce moment le dernier acte de son pontificat.

« Rouen, le 22 janvier 1865.

« Nos chers coopérateurs,

« Nous vous adressons l'Encyclique publiée par N. S. P. le pape Pie IX, le 8 décembre dernier, ainsi que le résumé des propositions signalées par Sa Sainteté, comme renfermant les principales erreurs de notre temps. Après avoir reçu nous-même ces deux documents, nous nous disposions à vous le communiquer par la voie ordinaire, quand nous en avons été empêché par la cause que vous connaissez.

« Nous avons à ce sujet écrit, le 7 janvier dernier, à M. le ministre des cultes, une lettre contenant nos justes réclamations. Toutefois, nous considérons aussi comme un devoir de faire en sorte que vous ayez une pleine connaissance des enseignements du Souverain Pontife. Les journaux, il est vrai, ont publié l'Encyclique et le résumé, mais ce mode de publication pour les actes émanant du Saint-Siege, n'est ni régulier ni suffisant. Nous vous faisons donc parvenir ces documents avec toutes les garanties d'authenticité désirables, afin que vous puissiez les étudier, les méditer, et vous mettre en mesure de répondre utilement aux questions qui vous seraient adressées par les fidèles.

« Il s'agit de matières graves, nos chers coopérateurs ; les intentions du Souverain Pontife ont été méconnues par plusieurs. Le Vicaire de Jésus-Christ n'a pas voulu jeter la perturbation dans la société civile ; mais en récapitulant les diverses erreurs contemporaines déjà condamnées par son vénérable prédécesseur et par lui-même, il a voulu nous donner ces règles de doctrines propres à guider les consciences. Les esprits ont été surexcités et troublés par des interprétations prématurées, passionnées, et souvent éloignées de la vérité. Il vous faudra donc, pour les éclairer, du temps, du discernement, du tact et de la prudence.

« Recevez, nos chers coopérateurs, l'assurance de notre bien sincère et cordial attachement,

« ✝ HENRI, cardinal DE BONNECHOSE,

« *Archevêque de Rouen.* »

P. S. « Cette lettre, et les pièces que nous vous transmettons en même temps, ne sont pas destinées à être lues en chaire.

« Nous vous ferons connaître par le mandement du carême ce qui concerne le jubilé. »

Dans des circonstances aussi solennelles, Son Éminence ne faillit point à ses devoirs de prince de l'Église. Lorsque fut ouvert au Sénat le grand débat sur la question de l'Encyclique pontificale, il répondit avec énergie au discours gallican et parlementaire de M. Rouland dans la séance du mardi 14 mars 1865, et défendit les droits de l'Église et ceux de l'épiscopat avec une grande puissance de logique, un zèle ardent, et cette vigueur d'éloquence qui résulte d'une conviction forte, sans exclure cette modération édifiante dont la vérité catholique ne se départ jamais. Reprenant la thèse si admirablement développée par Mgr Dupanloup, évêque d'Orléans, le discours du cardinal si lumineux, si concluant, leva tous les voiles, dissipa tous les malentendus propagés par les contempteurs de la papauté, donna sur les droits du Saint-Siége, l'Encyclique et le *Syllabus* les explications les plus convaincantes, et fit tomber l'échafaudage précédemment élevé au nom d'une fausse science. Pour ceux qui ont des yeux et ne se refusent pas à voir, il fit la lumière sur la question de l'Encyclique. Pourquoi ne nous est-il pas permis d'ajouter qu'il vainquit aussi les préjugés et désarma les haines ?

A la question de l'Encyclique succéda quelques jours après la question de la Convention du 15 septembre 1864. Cette Convention, jugée depuis sa promulgation, a affligé les catholiques et fait la joie des révolutionnaires et des ennemis de la Papauté. Après

M. le général Gemeau, le cardinal prouva éloquemment, que le gouvernement italien avait demandé cette Convention, et l'avait signée avec la conviction intime qu'elle lui ouvrirait les portes de Rome. Le gouvernement italien respectera sans doute la lettre du traité ; il n'envahira pas de nouveau les provinces romaines, au mépris du droit, de la loyauté, de la justice ; il ne se rendra pas coupable d'un nouveau Castelfidardo ; il empêchera même que des bandes armées s'organisent sur son territoire et envahissent la frontière romaine : mais il continuera à fomenter des complots à Rome, à y soudoyer des comités conspirateurs ; et lorsque les soldats français se seront retirés, quelques milliers d'émeutiers se dirigeront, ceux-ci par une route, ceux-là par une autre, vers la Ville éternelle, y proclameront, les armes à la main, la déchéance du Pape, et usurpant le nom du peuple romain, offriront à Victor-Emmanuel la royauté du Capitole.

Telles sont les éventualités qu'a prophétisées au gouvernement français Son Éminence le cardinal de Bonnechose, parfaitement en mesure de connaître le véritable esprit des révolutionnaires italiens. Puisse le Dieu tout-puissant détourner du Souverain Pontife de si pénibles calamités ! *Hi in curribus, et hi in equis ; nos autem in nomine Domini Dei nostri invocabimus.*

Chevalier de la Légion d'honneur depuis le 14 août 1852, Mgr de Bonnechose a été promu au grade d'officier du même ordre, le 14 août 1863.

S. E. Mgr le cardinal de Bonnechose porte pour armoiries : *d'argent à trois têtes de sauvages arrachées de sable, deux en chef, une en pointe,* et pour devise, *Fide ac virtute.*

PARIS. — IMP. V. GOUPY ET Cᵉ, RUE GARANCIÈRE, 5.

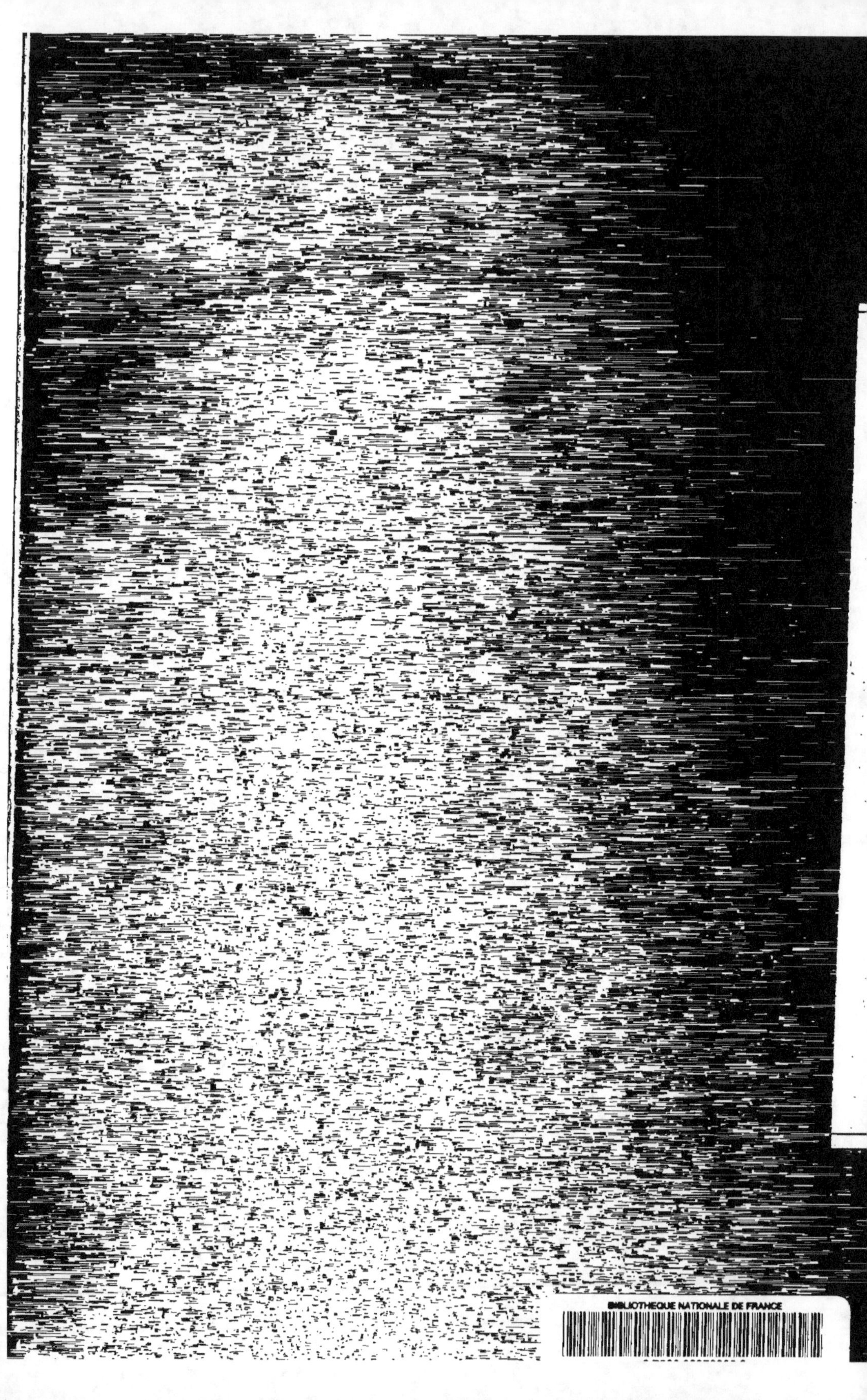